दिलकश ग़ज़लें

मैं प्यार खोजता फिरता था
मानव की आँखों में, दिल में,
जो आँख मिली पत्थर की मिली,
जो दिल पाया पत्थर पाया।

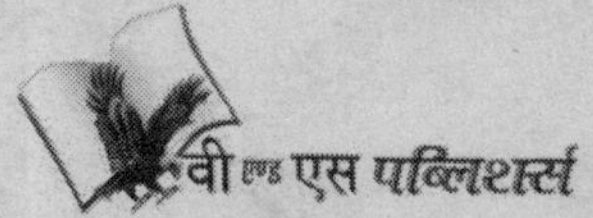

कविता-शायरी की सर्वश्रेष्ठ पुस्तकें

- ➢ रंगारंग हास्य कवि सम्मेलन 48/-
- ➢ कबीर चौरा 60/-
- ➢ प्रेरक प्रशंग 48/-
- ➢ सुपर-हिट जोक्स 48/-
- ➢ क्या खुब चुटकुले 48/-
- ➢ आओ हँस लें! 48/-

वी एण्ड एस पब्लिशर्स की पुस्तकें

देश-भर के रेलवे, रोडवेज़ तथा अन्य प्रमुख बुक स्टॉलों पर उपलब्ध हैं। अपनी मनपसन्द पुस्तकों की माँग किसी भी नजदीकी बुक स्टॉल से करें। यदि न मिलें, तो हमें पत्र लिखें। हम आपको तुरन्त भेज देंगे। इन पुस्तकों की निरंतर जानकारी पाने के लिए विस्तृत सूची-पत्र मँगवाएँ या हमारी वेबसाइट देखें!

www.vspublishers.com

दिलकश ग़ज़लें

नरेश कुमार अनजान

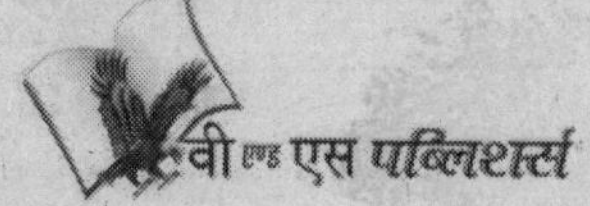

प्रकाशक

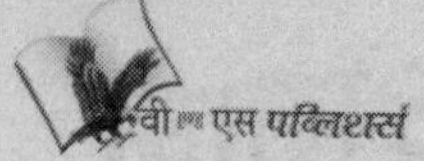

F-2/16, अंसारी रोड, दरियागंज, नई दिल्ली-110002
☎ 23240026, 23240027 • *फैक्स:* 011-23240028
E-mail: info@vspublishers.com • *Website:* www.vspublishers.com

शाखाः हैदराबाद
5-1-707/1, ब्रिज भवन (सेन्ट्रल बैंक ऑफ इण्डिया लेन के पास)
बैंक स्ट्रीट, कोटी हैदराबाद-500 095
☎ 040-24737290
E-mail: vspublishershyd@gmail.com

वितरकः

- **पुस्तक महल®**
  बंगलुरूः ☎ 080-22234025
  पटनाः ☎ 0612-3294193
- **पी.एम. पब्लिकेशंस**
  शोरूम : 10-बी, नेताजी सुभाष मार्ग, दरियागंज, नयी दिल्ली-110002
  ☎ 23268292, 23268293, 23279900
  दुकान : 6686, खारी बावली, दिल्ली-110006
  ☎ 23944314, 23911979
- **यूनीकार्न बुक्स**
  मुम्बईः ☎ 022-22010941

ISBN 978-93-814481-7-5

संस्करणः 2012

मुद्रकः परम ऑफसेटर्स, ओखला, नयी दिल्ली-110020

प्राक्कथन

ग़ज़ल उर्दू की मुक्तक काव्य-शैली का एक विशेष रूप है। उर्दू मुक्तक काव्य में ग़ज़ल का सर्वोपरि स्थान है। मुक्तक काव्य की अपनी एक विशेषता है। उसकी प्रत्येक इकाई अपने आप में पूर्ण और स्वतन्त्र होती है। इसलिए उनका क्रम यानी स्थान बदलने से उनका अस्तित्व ज्यों-का-त्यों बना रहता है, उसमें कोई बदलाव नहीं आता। यही कारण है कि ग़ज़लों का क्रम आसानी से बदला जा सकता है उसे बदलने में किसी प्रकार की कोई कठिनाई नहीं आती है। यह तो रही ग़ज़लों के क्रम बदलने की बात, अब ग़ज़लों में क़हे शेरों को बदलने की बात लो। इनको बदलने से इनका अस्तित्व भी ज्यों-का-त्यों बना रहता है उस में किसी प्रकार का कोई अंतर नहीं आता। सिर्फ मतला और मक्ता (पहला और अंतिम शेर) छोड़कर। मतले-

दिले-नादां! तुझे हुआ क्या है?
आख़िर इस दर्द की दवा क्या है?

की दोनों पंक्तियों का रदीफ़-काफ़िया (स्वर-तुक) मिलता है और काफ़िये-

हमने माना के कुछ नहीं ग़ालिब,
मुफ़्त हाथ आये तो बुरा क्या है?

में शायर का नाम होता है, इसलिए इनका स्थान नहीं बदला जा सकता। इनका स्थान बदलने से ग़ज़ल का रूप बिगड़ जाता है। ग़ज़ल में मतला-मक्ता छोड़कर अन्य सभी शेर होते हैं।

हम को उनसे वफ़ा की है उम्मीद
जो नहीं जानते वफ़ा क्या है?
जान तुम पर निसार करता हूं
मैं नहीं जानता दुआ क्या है?

शेर की प्रथम पंक्ति में शायर जो बात कहना चाहता है उसका संकेत देता है जिससे श्रोता उस बात के प्रति सजग हो जाते हैं, और दूसरी पंक्ति में शायर अपनी बात को इस नज़ाकत से कहता है कि श्रोता उसकी मस्ती में झूमने लगते हैं। इस कला में जो शायर जितना निपुण होता है वह उतना ही सफल और श्रेष्ठ फनकार (कलाकार) होता है। यही है उर्दू ग़ज़ल का कमाल।

आज के हिन्दी कवियों ने भी ग़ज़ल को अपनाया है। मैंने भी हिन्दी में कुछ ग़ज़लें लिखी हैं जो इस संकलन में संकलित हैं। इसके अलावा मैंने अपने स्वर्गीय बड़े भाई श्री मोहन लाल मौज की ग़ज़लें भी इसमें शामिल की हैं। वे केवल मेरे बड़े भाई ही नहीं, गुरु भी थे और साथ ही एक नेक इनसान भी।

प्रस्तुत पुस्तक में संकलित ग़ज़लों और रुबाइयों के बारे में मैं कुछ नहीं कहूंगा। वे कैसी हैं पाठकगण पढ़कर ख़ुद ही जान लेंगे।

–लेखक

1

ग़ज़ल

विरोधी हर हवा है और मैं हूं।
उमड़ती ग़म घटा है और मैं हूं।

उधर दुख-दर्द है संसार भर का,
इधर साकी सुरा है और मैं हूं।

उधर है तू व तेरी बेवफ़ाई,
इधर मेरी वफ़ा है और मैं हूं।

निभाएं गगन वाले आप अपनी,
मेरी प्यारी धरा है और मैं हूं।

उधर आलोचना आलोचकों की,
इधर मेरी कला है और मैं हूं।

2

ग़ज़ल

और थोड़ा करीब हो जाता।
प्यार तेरा नसीब हो जाता।

रंग तेरा अजीब जब देखूं,
रंग मेरा अजीब हो जाता।

प्यार तेरा अगर मुझे मिलता,
मैं बड़ा ख़ुशनसीब हो जाता।

जानता ग़र ग़रीब प्यारे हैं,
मैं कसम से ग़रीब हो जाता।

फूल अनजान एक डाली के,
क्यों अलग है नसीब हो जाता।

3

ग़ज़ल

क्या धरा, सूर्य, चांद, तारे हैं।
वक्त के ये गुलाम सारे हैं।

देने वाला ज़रूर देवेगा,
हाथ बेकार क्यों पसारे हैं।

सुख बुलाए मगर नहीं आए,
ग़म बुलाए बिना पधारे हैं।

क्या कहा, एक बार फिर कहना,
हम किसी के नहीं, तुम्हारे हैं।

हम न अनजान भूल पाएंगे,
साथ तेरे जो दिन गुज़ारे हैं।

4

ग़ज़ल

जिनके सुन्दर विचार होते हैं।
आप अपना सिंगार होते हैं।

धैर्य वाले धरा से कितने हैं,
नभ से कितने उदार होते हैं।

फूल होते गुलाब में थोड़े,
और कांटे अपार होते हैं।

मीत दुख में बने नहीं कोई,
मीत सुख के हज़ार होते हैं।

घाव जिनके कभी नहीं भरते,
शब्द ऐसी कटार होते हैं।

5

ग़ज़ल

दिल से माना लगा नहीं सकते।
हाथ भी क्या मिला नहीं सकते?

प्यार में दे दिया किसी को दिल,
बात इतनी बता नहीं सकते।

बात हर एक ली लगा दिल से,
दिल मगर तुम लगा नहीं सकते।

रूप मय का ख़ुमार मत पूछो,
पी के फिर होश आ नहीं सकते।

साथ तेरे बिताईं जो घड़ियां,
भूल कर हम भुला नहीं सकते।

6

ग़ज़ल

ख़ाक उसको पता ख़ुदा क्या है?
जो नहीं जानता वफ़ा क्या है?

प्यार तेरा नहीं मिला जिसको,
ज़िन्दगी में उसे मिला क्या है?

दिल न बस में रहा मेरा मेरे,
दिल पे जादू बता किया क्या है?

पास कुछ भी नहीं रहा मेरे,
पूछ मत प्यार में लुटा क्या है?

जो बनाया वही बना हूं मैं,
पूछता है कि तू बना क्या है?

7

ग़ज़ल

आदमी जब जवान होता है।
वह ख़ुदा से महान् होता है।

रूप, दौलत व अक्ल पर अपनी,
हर किसी को गुमान होता है।

प्यार की तुम किया करो पूजा,
प्यार ईश्वर समान होता है।

ज़िन्दगी भर जो काम करता है,
आदमी वह महान् होता है।

जेब अनजान जब भरी होती,
खूब आदर व मान होता है।

8

ग़ज़ल

चांद मन में समा गया कोई।
ज़िन्दगी जगमगा गया कोई।

मैं न अब तक ज़रा संभल पाया,
रात इतनी पिला गया कोई।

चैन मन में न नींद आंखों में,
रोग ऐसा लगा गया कोई।

नैन सावन बने हैं रो रो कर,
दर्द इतना जगा गया कोई।

मैंने पूछा कि ज़िन्दगी क्या है?
है तमाशा बता गया कोई।

ग़ज़ल

जब लड़कपन की शाम होती है।
तब बड़ी धूमधाम होती है।

हम जवानी जिसे कहा करते,
कब किसी की गुलाम होती है?

है ग़रज़ आपसे नहीं कोई,
क्या बुरी राम-राम होती है?

रूप गिरता कमाल होता है,
सब तरफ़ थाम-थाम होती है।

सुबह अनजान है सुबह होती,
शाम भी शाम-शाम होती है।

10

ग़ज़ल

देख मौसम बहार आया है।
भू पे कितना निखार आया है।

मस्त झोंके हवा के वो आते,
बिन पिए ही ख़ुमार आया है।

मन मचलने लगा है सृष्टि का,
कर के कितना सिंगार आया है।

दूर ग़म हो गया ग़मों का भी,
दर्द को भी करार आया है।

देख अनजान रूप कुदरत का,
आज कुदरत पे प्यार आया है।

11

ग़ज़ल

खून दिल का अश्क बनकर बह गया।
बहते-बहते दिल का किस्सा कह गया।

डूबकर तारीकियों में वक्तेशाम
ज़िन्दगी का राज़ सूरज कह गया।

लुट गई इनसानियत और आदमी
देखते का देखता ही रह गया।

आदमी इनसाफ़ पाने के लिए
ज़ुल्म कितने ज़िन्दगी में सह गया।

जिस पे थी मुझ को सहारे की उम्मीद
मौज गर्दिश में वह तिनका बह गया।

12

ग़ज़ल

ज़ोर सह कर ग़र्दिशे-अय्याम के।
बन गए हैं आदमी हम काम के।

हमने देखी है सुबह की हर अदा,
रंग अब देखेंगे ढलती शाम के।

साकिया, तुमको मुबारक मैकदा,
हम तो प्यासे हैं फ़कत इक जाम के।

बढ़ गए शैतान से भी दो कदम,
आदमी बस रह गए हैं नाम के।

मौज दुनिया से हमें क्या वास्ता,
हम पुजारी हैं खुदा के नाम के।

13

ग़ज़ल

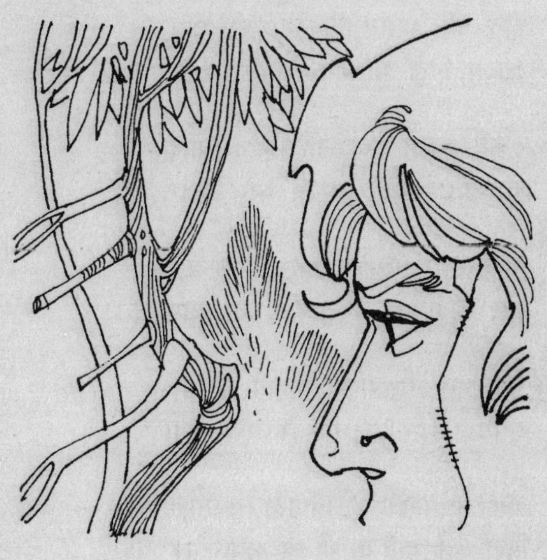

मैं जहां में हूं, जहां से दूर भी।
होश में हूं और हूं मख़मूर भी।

है ये सब अपनी समझ पर मुनहसर,
यार अपने पास भी है दूर भी।

हैं उसी की सब ये जलवासाज़ियां
रात की ज़ुलमत, सुबह का नूर भी।

हम सिया बख़्तों की हिम्मत देखना,
हमने झेली है शबे-दीजूर भी।

मौज, सहरे-इश्क का एजाज़ है
तुम हुए बदनाम भी मशहूर भी।

14

ग़ज़ल

दीद की हसरत निकल कर रह गई।
आरज़ू दिल में मचल कर रह गई।

रुकते-रुकते रुक गई मेरी ज़बां,
लड़खड़ाई फिर संभल कर रह गई।

यास से धुंधला गई है आरजू,
धूप छांओं में बदल कर रह गई।

बहरे ग़म में बारहा कश्ती मेरी
डूबने को थी संभल कर रह गई।

जब से बदली है निगाहेहुस्न मौज,
दिल की दुनिया भी बदलकर रह गई।

ग़ज़ल

बनाया हमने दुश्मन कुल जहां को।
बता कर राज़ अपना राज़दां को।

वहीं पहुंची नज़र बर्केतपां की,
बनाया जिस जगह पर आशियां को।

नशेमन राख़ होकर उड़ चुका है,
मैं लेकर क्या करूंगा गुलिस्तां को?

हुए बरसों सितम सहते किसी के,
मगर तू कोसता है आसमां को।

न मंज़िल का पता न रहबर की ख़बर है,
बता तू मौज मैं जाऊं कहां को?

16

ग़ज़ल

कैफ़ हासिल था ज़िदगानी का।
हाय आलम वो नौजवानी का।

डूब कर बहरे इश्क में हमने,
भेद पाया है ज़िन्दगानी का।

कल थे गुलशन में अब कफ़स में हैं,
है ये एजाज़ दाना-पानी का।

इन शिकस्तों में ए दिले मायूस,
राज़ पिन्हा है कामरानी का।

हादसाते ज़माना को मुझसे,
मौज शिकवा है सख़्तजानी का।

17

ग़ज़ल

कंस का परिवार बढ़ता जा रहा।
इस धरा पर भार बढ़ता जा रहा।

धर्म को कोई नहीं है पूछता,
पाप का व्यापार बढ़ता जा रहा।

न्याय का मिलता नहीं है नाम तक,
जुल्म-अत्याचार बढ़ता जा रहा।

चैन, सुख, आराम घटते जा रहे,
दर्द-हाहाकार बढ़ता जा रहा।

सत्य से सबको घृणा अनजान है
छल-कपट से प्यार बढ़ता जा रहा।

18

ग़ज़ल

साथ जब से है तुम्हारा मिल गया।
डूबते दिल को सहारा मिल गया।

क्या ज़रूरत अब सहारे की मुझे,
जब मुझे तेरा सहारा मिल गया।

तब से हर इक चीज़ प्यारी हो गई,
जब से तेरा प्यार प्यारा मिल गया।

तब से आंखें हैं छकी रहतीं सदा,
जब से है तेरा नज़ारा मिल गया।

मैं अंधेरों से घिरा अनजान था,
तू मिला मुझ को सितारा मिल गया।

ग़ज़ल

प्यार का मौसम सुहाना आ गया।
ज़िन्दगी पर इक नशा-सा छा गया।

ढूंढती थी ख़ुद मुझे मंज़िल मेरी,
मैं मगर हूं रास्तों को भा गया।

ग़ैर भी अपनों से अब लगने लगे,
चलते-चलते मैं वहां पर आ गया।

भोर मुस्काई अंधेरा छट गया,
सब्र मेरा काम मेरे आ गया।

अब अंधेरों का नहीं अनजान डर,
जगमगाता मैं सितारा पा गया।

20

ग़ज़ल

प्यार से जग को रहा नाता नहीं।
प्यार से अब बोलना आता नहीं।

आज धन-दौलत पे दिल देते सभी,
प्यार पर दिल देना अब आता नहीं।

अब सभी हैं गीत-ग़ज़लें बेचते,
दिल की ख़ातिर कोई अब गाता नहीं।

ज़िन्दगी भी हो गई है मोल की,
प्यार बिन पैसे के मिल पाता नहीं।

जाने क्या अनजान दुनिया को हुआ,
आदमी को आदमी भाता नहीं।

21

ग़ज़ल

क्या हुआ दिल को समझ आता नहीं।
चांद भी दिल को लुभा पाता नहीं।

जाने कैसा रोग दिल को लग गया,
अब कभी हंसता नहीं, गाता नहीं।

जो भी आता है बढ़ा जाता है ग़म,
कोई मौसम अब ख़ुशी लाता नहीं।

और सब मिलकर चले जाते सभी,
ग़म अगर मिल जाए तो जाता नहीं।

भूल क्या अनजान हमसे हो गई,
भूल कर भी तू इधर आता नहीं।

22

ग़ज़ल

छूटें दुनिया के सहारे ग़म नहीं।
ख़ूब देखे-परखे सारे ग़म नहीं।

दोस्ती अब हो गई तूफ़ान से,
हाथ न आएं किनारे ग़म नहीं।

ज़िन्दगी में जब नहीं कुछ भी रहा,
मौत के बज लें नगारे ग़म नहीं।

हम सदा होकर रहेंगे आपके,
तुम नहीं होवो हमारे ग़म नहीं।

दीप दिल का बुझ चुका अनजान जब,
छीन ले किस्मत नज़ारे ग़म नहीं।

23

ग़ज़ल

टूटे दिल से अब सदा आती नहीं।
कोई शै मन को लुभा पाती नहीं।

चांद, तारे, चांदनी सब कुछ वही,
रात फिर भी जाने क्यों भाती नहीं।

ज़िन्दगी को जाने क्या है हो गया?
अब कभी हंसती नहीं, गाती नहीं।

यह उदासी भी उदासी है अजब,
रात-दिन घेरे रहे जाती नहीं।

ज़िन्दगी अनजान लगती इस तरह,
दीप हो पर दीप में बाती नहीं।

24

ग़ज़ल

प्यार से तू देख कर मुस्का गया।
हर तरफ मस्ती का आलम छा गया।

यह मेरी किस्मत कि पहली नज़र में,
मैं तुम्हें अच्छा लगा और भा गया।

मैं तुम्हें घर पर चला था देखने,
तू मुझे घर पर ही मिलने आ गया।

धूम तेरी क्यों न मचती हर तरफ़?
जाम बन आया, नशा बन छा गया।

तू भले अनजान है फिर भी यहां
हर किसी का प्यार-आदर पा गया।

25

ग़ज़ल

जब कभी भी याद तेरी आ गई।
ज़िन्दगी में चांदनी-सी छा गई।

आज भी उसकी महक जीवन में है,
प्यार की मदिरा जो तू छलका गई।

कर गई रंगीन जीवन रूप से
प्यार से तू ज़िन्दगी महका गई।

ज़िन्दगी में फिर उजाला हो गया,
ज़िन्दगी में जान है फिर आ गई।

तुमको पा के ज़िन्दगी फिर जी उठी,
ज़िन्दगी फिर तुम से जीवन पा गई।

26

ग़ज़ल

ज़िन्दगी में आप जब से आ गए।
हैं उजाले ही उजाले छा गए।

रूप क्या है तब पता हमको चला,
आप आकर जब झलक दिखला गए।

प्यार का अहसास हमको तब हुआ,
नैन से जब नैन मिल शरमा गए।

है कशिश क्या चीज़ हम जाने तभी,
चांद मुख पर बाल जब लहरा गए।

तब हुआ मालूम क्या मुसकान है?
जब अधर तेरे मधुर मुस्का गए।

27

ग़ज़ल

शक्ल से इनसान हर इनसान हो।
कर्म से इनसान की पहचान हो।

पूजता उसको सकल संसार है,
फूल-सी जिसकी महक-मुसकान हो।

वह जगह है स्वर्ग से उत्तम कहीं,
जिस जगह पर प्यार हो, सम्मान हो।

कौन अपना है पराया कौन है,
वक़्त पर इसकी सही पहचान हो।

जिसके मन में हो दया की भावना,
सच्चे अर्थों में वही इनसान हो।

28

ग़ज़ल

प्यार से मत भूलकर खिलवार कर।
हो सके तो हर किसी से प्यार कर।

प्यार से वह काम भी सकता है हो,
काम जो सकती नहीं तलवार कर।

प्यार को नफ़रत डुबा देती सदा,
प्यार को है प्यार देता पार कर।

जीत कर हम हार जाते प्यार में,
प्यार में हम जीत जाते हार कर।

है भला उस व्यक्ति की क्या ज़िन्दगी,
जो नहीं सकता किसी से प्यार कर।

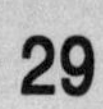

ग़ज़ल

प्यार दिल में हम बसा कर देख लेंगे।
रोग यह भी हम लगा कर देख लेंगे।

है हमें आता मनाना या नहीं है,
रूठना तुम हम मना कर देख लेंगे।

कौन किसके प्यार में कितना है रोता,
एक दूजे को रुला कर देख लेंगे।

चांद हो, या सूर्य हो या हो सितारा,
हम स्वयं घूंघट उठाकर देख लेंगे।

झूमना आता तुम्हें अथवा नहीं है,
हम तुम्हें थोड़ी पिलाकर देख लेंगे।

30

ग़ज़ल

आंख में अपनी न पानी और है।
हाय! लेकिन ज़िन्दगानी और है।

उम्र तेरी है भले इक दो घड़ी,
शान पर तेरी जवानी और है।

सुनने में आई कहानी और थी,
पर हकीकत में कहानी और है।

चांदनी माना सुहानी है बहुत,
चांदनी से तू सुहानी और है।

भूल जाने की भले आदत हमें,
याद पर तेरी भुलानी और है।

31

ग़ज़ल

नये साज़ पर गीत गाने लगा है।
किसी और से दिल लगाने लगा है।

मेरे प्यार में जिसने दुनिया भुलाई,
सुना है मुझे वह भुलाने लगा है।

अरे! हाथ से तू ज़रा थाम दिल को,
झलक रूप अपनी दिखाने लगा है।

जलाता नहीं दूसरा और कोई,
तुम्हें दिल तुम्हारा जलाने लगा है।

न अनजान घबरा अगर ग़म ने घेरा,
छलकता हुआ जाम आने लगा है।

ग़ज़ल

अभी प्यार के गीत गाने बहुत हैं।
अभी मीत रूठे मनाने बहुत हैं।

अभी मौत तेरी ज़रूरत नहीं है,
अभी काम बिगड़े बनाने बहुत हैं।

अभी पास मेरे रहे जाम साकी,
अभी जाम में ग़म डुबाने बहुत हैं।

भरेंगे न बातों से ये घाव मेरे,
अभी के नहीं ये पुराने बहुत हैं।

अभी रात अनजान है और बाकी,
अभी जाम पीने-पिलाने बहुत हैं।

33

ग़ज़ल

लगाकर जान से रक्खी है यों तेरी रज़ा हमने।
उठाया तक नहीं आफ़त में भी दस्ते-दुआ हमने।

जिसे दुनिया सनमखाने में या काबे में ढूंढ़ा की,
उसी जलवे की देखी बारहा दिल में ज़िआ हमने।

किए हैं काम दुनिया के फ़कत तेरे इशारे पर,
मगर क्यों कर कहें की है नहीं कोई ख़ता हमने।

अज़ल से आज तक गर्मेसफर हैं तेरी दुनिया में,
नहीं पाया मगर कुछ अपनी मंजिल का पता हमने।

बहुत मज़लूम, खस्ता हाल, बेकस, बेनवा देखे,
मगर देखा नहीं दुनियां में कोई मौज-सा हमने।

ग़ज़ल

अजब है ज़िन्दगी अपनी, अजब अपनी कहानी है।
खुदा रक्खे जवानी का हर-इक लमहा जवानी है।

न लुत्फ़ेज़िन्दगी हासिल, न कैफ़ेज़िन्दगानी है।
खुशी जितनी है फ़ानी है, मुसीबत जावेदानी है।

तुम्हारे इश्क ने मुझको हयाते-जावेदां बख़्शी,
भला अब कौन कह सकता है ये दुनिया तो फ़ानी है।

कहां तक कोई सुनता जाए रूदादेमुहब्बत को,
न ये कोई फ़साना है, न ये कोई कहानी है।

मेरे अशआर सुनकर उस सितमगर ने ये फ़रमाया,
यही मौजेफ़साहत है यही जादूबयानी है।

35

ग़ज़ल

वफ़ा जो चीज़ है उसको फ़कत आकिल समझते हैं।
मगर वो बंदगाने इश्क को जाहिल समझते हैं।

उन्हें क्या डर है गरदाबों से, मौजों से, थपेड़ों से,
जो तूफ़ानों को भी ए नाख़ुदा! साहिल समझते हैं।

रियाज़ेदहर में आकर गुलों से ये सबक सीखा,
जो आकिल हैं वो हर शै को यहां बातिल समझते हैं।

न हो बू-ए-वफ़ा जिसमें, न हो खू-ए-रज़ा जिसमें,
उसे हम दिल तो कहते हैं, मगर बेदिल समझते हैं।

बता ए हुस्ने बेपर्दा! ये क्या असरार है तुझको,
कई ईसा समझते हैं, कई कातिल समझते हैं।

36

ग़ज़ल

न घिर सकता अंधेरों से न पड़ सकता है उलझन में।
अगर हो ज्ञान का दीपक जला इनसान के मन में।

नहीं उस व्यक्ति का जीवन कभी भी महक सकता है,
नहीं जिसको मिला हो प्यार, ममता, खेल, बचपन में।

उसे मंज़िल सफलता की कभी भी है नहीं मिलती,
सचाई से भटक जाता है जो इनसान यौवन में।

बड़ा ही कष्ट पाता है, बड़ा अपमान ढोता है,
समय के साथ चल सकता न जो इनसान जीवन में।

सितारे, चांद, सूरज काम कुछ भी आ नहीं सकते,
अंधेरा-ही-अंधेरा हो अगर इनसान के मन में।

37

ग़ज़ल

बहारें हो अगर दिल में, तो पतझर भी लुभाती है।
शरद की चांदनी तक भी जले दिल को जलाती है।

बहा लें आ ज़रा आंसू घड़ी दो बैठकर दोनों,
अगर आंसू बहाने से बदल तकदीर जाती है।

जिसे किस्मत ने थामा है, कभी वह गिर नहीं सकता,
कभी वह उठ नहीं सकता जिसे किस्मत गिराती है।

किसी के चाहने से क्या किसी को ज़िन्दगी मिलती?
किसी के मांगने से क्या किसी को मौत आती है?

बड़ी चालाक दुनिया में गया अनजान तू भेजा,
तेरी अनजानगी देखें यहां क्या रंग लाती है?

38

ग़ज़ल

बता दे ऐ ख़ुशी! तेरा क्यों मुख-चांद मुर्झाया।
कहा उसने कि मुद्दत से मिलन ग़म से न हो पाया।

नहीं कुछ ग़म अगर है आज, बिखरा फूल मिट्टी में,
ये अपने वक़्त में महका बहुत है, बहुत मुस्काया।

विवश होकर गया जब द्वार साकी के, कहा उसने,
कहां पर तू रहा भटका, इधर तू क्यों नहीं आया?

न भटकाया है राहों ने, न भटकाया है मंज़िल ने,
ख़ुदी भटका है तू बन्दे, तुझे मन ने है भटकाया।

कहां किस देश से आया कहां किस देश है जाना?
ख़बर इसकी नहीं कोई तभी अनजान कहलाया।

39

ग़ज़ल

तुम्हारा दर्द-दुख सहकर बड़ा आराम मिलता है।
तुम्हारे ध्यान में रहकर, बड़ा आराम मिलता है।

तुम्हारे बिन नहीं लगता हमारा दिल कहीं पर भी,
तुम्हारे पास में रहकर, बड़ा आराम मिलता है।

तुम्हें विश्वास मेरी बात पर हो या नहीं, लेकिन,
तुम्हें अपना खुदा कहकर बड़ा आराम मिलता है।

उजाले अपने जीवन के तुम्हारे नाम कर सारे,
अंधेरों में मुझे रह कर बड़ा आराम मिलता है।

मुझे अनजान अब दिल में नहीं है चाह साहिल की,
तुम्हारे प्यार में बहकर बड़ा आराम मिलता है।

ग़ज़ल

जिसे संसार की इच्छा उसे संसार मिल जाए।
मुझे केवल मिलो तुम औ तुम्हारा प्यार मिल जाए।

तुम्हारे नाम मैं लिख दूं, सितारे, चांद और सूरज,
तुम्हारा भाग्य लिखने का, अगर अधिकार मिल जाए।

उसे कोयल नहीं भाए, उसे बुलबुल नहीं भाए,
तुम्हारा बोल सुनने को, जिसे इक बार मिल जाए।

न कश्ती की, न साहिल की, उसे ख़्वाइश रहे कोई,
तुम्हारे प्यार की गहरी, जिसे मझधार मिल जाए।

उसे चिन्ता न जीने की, न मरने की सताती है,
तुम्हारी चांद-सूरत का जिसे दीदार मिल जाए।

ग़ज़ल

तुम्हारे पास से उठकर नहीं जाने को मन करता।
तुम्हें पाकर किसी शै को नहीं पाने को मन करता।

तुम्हारे प्यार का मैंने तराना जब से छेड़ा है,
तराना और कोई भी नहीं गाने को मन करता।

तुम्हारा नाम जब से आ गया है मेरे अधरों पर,
किसी का नाम अधरों पर नहीं लाने को मन करता।

बसे हो जब से तुम आकर, सनम मेरे ख़यालों में,
ख़ुदा को भी ख़यालों में नहीं लाने को मन करता।

तुम्हारे प्रेम मंदिर में हुआ है आगमन जब से,
शिवालय और मसज़िद में नहीं जाने को मन करता।

42

ग़ज़ल

जो अपना छोड़कर स्वर, दूसरे के स्वर में गाता है।
नहीं उस व्यक्ति के गाने में कुछ आनन्द आता है।

नहीं आराम करने वाले को आराम मिल सकता,
करे जो काम जीवन में वही आराम पाता है।

कभी भी आंख कोई भी हमेशा है नहीं रोती,
कभी भी दिल नहीं कोई हमेशा गुनगुनाता है।

यहां इक हाथ देता है, यहां इक हाथ लेता है,
यहां इक हाथ भिक्षुक है, यहां इक हाथ दाता है।

नहाया दूध का कोई नहीं अनजान दुनिया में,
न सिर से पांव तक कोई भी काला नज़र आता है।

ग़ज़ल

बड़ा जो काम करता है, बड़ा वह नाम पाता है।
ज़माना पूजता उसको उसी के गीत गाता है।

बुरा मानव नहीं होता, भला मानव नहीं होता,
उसी का काम ही उसको बुरा, अच्छा बनाता है।

नहीं कोई कमी जग में किसी भी चीज़ की, लेकिन,
करे जो कर्म जीवन में वही हर चीज़ पाता है।

उसे मंज़िल सफलता की, कभी भी मिल नहीं सकती,
जिसे चलना नहीं भाता, जिसे आराम भाता है।

नहीं अधिकार जीने का, उसे अनजान दुनिया में,
कि मानव के न मानव जो किसी भी काम आता है।

44

ग़ज़ल

पकड़ कर हाथ पतितों को उठा लेते तो अच्छा था।
गरीबों को गले से तुम लगा लेते तो अच्छा था।

खुशी दिल से लगाकरके सभी इनसान जीते हैं,
किसी का दर्द तुम दिल से लगा लेते तो अच्छा था।

स्वयं जागो, बड़ी है बात, अच्छा काम है, लेकिन,
किसी सोए हुए को तुम जगा लेते तो अच्छा था।

स्वयं के वास्ते मिटना हर इक इनसान को आता,
किसी के वास्ते खुद को मिटा लेते तो अच्छा था।

भला वह कौन जो खुद की नहीं बिगड़ी बनाता है,
किसी अनजान की बिगड़ी बना लेते तो अच्छा था।

45

ग़ज़ल

ऐ दुनिया! मैं तुझे दिल से कभी भी भा नहीं सकता।
तुम्हारा प्यार जीवन में कभी भी पा नहीं सकता।

मुहब्बत है, शराफत है, वफ़ा भी पास है मेरे,
मगर अफ़सोस तेरे काम कुछ भी आ नहीं सकता।

कभी इनसानियत के वास्ते तू रो नहीं सकती,
कभी दौलत तुम्हारी के लिए मैं गा नहीं सकता।

तू धन से तोलती इज़्ज़त, तू धन से दिल-वफ़ा तोले,
मगर मैं धन से इज़्ज़त, दिल, वफ़ा तुलवा नहीं सकता।

कपट की तू बनी है औ कपट अस्तित्व तेरा है,
कपट मेरी शराफ़त को कभी भी भा नहीं सकता।

46

ग़ज़ल

तुम्हारे द्वार से उठकर कहीं जाया नहीं जाता।
यहां सुख-चैन जो मिलता कहीं पाया नहीं जाता।

जहां पर हो दया तेरी वहां पर फूल खिलते हैं,
वहां पर दर्द, दुख, ग़म का कभी साया नहीं जाता।

तुम्हारे दरश पावन पा मेरा मन हो गया पावन,
किसी भी पाप से मेरे निकट आया नहीं जाता।

तुम्हारे रूप का हर सू उजाला-ही-उजाला है,
अंधेरे का कहीं भी अब पता पाया नहीं जाता।

तुम्हारी खूबियों की है नहीं सीमा कहीं कोई,
हज़ारों हों ज़बां तो भी उन्हें गाया नहीं जाता।

47

ग़ज़ल

तुम्हारे महकते मन ने मेरा सुख-चैन लूटा है।
तुम्हारे निखरते तन ने मेरा सुख-चैन लूटा है।

तुम्हारे मधुर बोलों ने मेरे दिल को चुराया है,
तुम्हारी चोर चितवन ने मेरा सुख-चैन लूटा है।

तुम्हारी मदभरी आंखों ने मेरे होश छीने हैं,
तुम्हारे रूप-कंचन ने मेरा सुख-चैन लूटा है।

तुम्हारी हर अदा ने कर दिया मदहोश है दिल को,
तुम्हारे शोख यौवन ने मेरा सुख-चैन लूटा है।

तुम्हारे प्रेम पावन ने मुझे पागल बना डाला,
तुम्हारे मस्त जीवन ने मेरा सुख-चैन लूटा है।

48

ग़ज़ल

ये जीवन कलश ऐसा है समय संग रीत जाता है।
बिताओ या नहीं जीवन स्वयं ही बीत जाता है।

मुहब्बत की लड़ाई में डरूं मैं क्यों पराजय से?
मुहब्बत में तो मानव हार कर भी जीत जाता है।

चमत्कारों से गीतों की कभी रचना नहीं होती,
लिखाएं प्यार-पीड़ा जब लिखा तब गीत जाता है।

न आंसू ही, न आहें ही, उसे वापस बुला सकते,
ख़फा हो ज़िन्दगी से जो चला मनमीत जाता है।

समय रहते हुए करले तुझे अनजान जो करना,
न पछताने से कुछ होता समय जब बीत जाता है।

49

ग़ज़ल

रूप मुझको और कोई भी लुभा सकता नहीं।
छांव तेरे रूप-सी मैं और पा सकता नहीं।

मदभरी आंखों से मुझको तू पिलाती जो सुरा,
प्यार की वैसी सुरा कोई पिला सकता नहीं।

फूल से अधरों से जितना मधुर मुस्काती है तू,
फूल भी वैसा मधुर है मुस्करा सकता नहीं।

सोहती है जिस तरह बिंदिया तुम्हारे भाल पर,
चांद भी निशि भाल पर वैसे सुहा सकता नहीं।

तू नहीं तो कुछ नहीं है ज़िन्दगी मेरे लिए,
स्वर्ग भी तेरे बिना मुझको लुभा सकता नहीं।

ग़ज़ल

मुस्करा सकता नहीं, आंसू बहा सकता नहीं।
हाल अपना मैं किसी को भी बता सकता नहीं।

दूर इतना हो गया हूं आप अपने-आप से,
आप अपनी आप ही कुछ खबर पा सकता नहीं।

घाव भर सकता नहीं जो घाव दिल पर है हुआ,
दर्द जो दिल में उठा वह दर्द जा सकता नहीं।

पोंछने वाला हो आंसू तब है रोने का मज़ा,
बिन किसी हमदर्द रोना काम आ सकता नहीं।

ज़िन्दगी अनजान अब उस राह से है जा रही,
मैं जहां ग़म के सिवा कुछ और पा सकता नहीं।

51

ग़ज़ल

पानी भरा बादल ही बरसता मेरे आगे।
ख़ाली हो जो ख़ाली है गरजता मेरे आगे।

धरती है कई रूप बदलती मेरे आगे,
आकाश कई रंग बदलता मेरे आगे।

पतझर में उजड़ करके जो वीरान है होता,
मधुमास में वह बाग़ महकता मेरे आगे।

सावन से ही धरती को सदा आस है होती,
सावन ही धरा-प्यास बुझाता मेरे आगे।

अनजान अंधेरे में उजाले की हो कीमत,
हर तारा अंधेरे में चमकता मेरे आगे।

52

ग़ज़ल

इनसान को इनसान है खाता मेरे आगे।
इनसान को इनसान मिटाता मेरे आगे।

इनसान भले प्यार निभाए न निभाए,
इनसान मगर वैर निभाता मेरे आगे।

रंग सात ही गिरगिट को बदलते देखा,
इनसान कई रंग बदलता मेरे आगे।

शैतान किया करता कहां जुल्म है उतना,
इनसान किया करता है जितना मेरे आगे।

अनजान ही इनसान से डरता नहीं है,
भगवान भी इनसान से डरता मेरे आगे।

ग़ज़ल

दुःख-दर्द जो दीनों का है ढोता मेरे आगे।
दीनों का मसीहा वही होता मेरे आगे।

साहस से ही हर काम हो साहस नहीं छोड़ो,
क्या काम हो रोने से जो रोता मेरे आगे।

तू अमरों की संतान है हैवान नहीं है,
फिर दीन बना जुल्म क्यों ढोता मेरे आगे।

फल मिलता वही और न मिलता कोई,
जीवन में जो इनसान है बोता मेरे आगे।

अनजान कभी पूरी नहीं आस हो उसकी,
इनसान लगा आस जो सोता मेरे आगे।

54

ग़ज़ल

कांटों में करें फूल बसेरा मेरे आगे।
सुख दुख में किए रहता है डेरा मेरे आगे।

क्यों रात के इस घोर अंधेरे से डरूं मैं?
इसमें से ही होता है सवेरा मेरे आगे?

है मन में मेरे फैला उजाला ही उजाला,
क्या आ के करेगा यह अंधेरा मेरे आगे?

तिनकों-सा उड़ा दूंगा इसे बनके पवन मैं,
बादल जो घिरा है यह घनेरा मेरे आगे।

अनजान सुबह होते अंधेरा न रहेगा,
टूटेगा अंधेरे का यह घेरा मेरे आगे।

ग़ज़ल

रात के अंधकार में रहता उजाला।
पर सवेरा देखता है सब्र वाला।

हो नहीं विश्वास ग़म से पूछ देखो,
काम की कितनी है बोतल और प्याला।

दूर से संसार लगता है मनोहर,
पास से लगता घिनौना और काला।

घेर सकती है नहीं उसको उदासी,
हो खुशी को जिसने अपने दिल में पाला।

पास हो अनजान ग़रचे समझ साहस,
पार हो जाता है टूटी नाव वाला।

56

ग़ज़ल

जो मन को परम मीत बनाता मेरे आगे।
संसार का सुख-चैन है पाता मेरे आगे।

है बनके अगर फूल महकना नहीं आता,
नफ़रत की क्यों धूल उड़ाता मेरे आगे।

जो जाग के करता है परेशान सभी को,
है उसे नहीं कोई जगाता मेरे आगे।

संसार में फिर लौट नहीं आता कभी भी,
संसार से इक बार जो जाता मेरे आगे।

अनजान वह सूरज-सा चमकता है जहां में,
सूरज-सा स्वयं को जो तपाता मेरे आगे।

ग़ज़ल

आता मेरे आगे है यह जाता मेरे आगे।
है वक्त कई रंग दिखाता मेरे आगे।

जीवन भी उसे गीत-सा लगता प्यारा,
जीवन को समझ गीत जो गाता मेरे आगे।

बादल-सी घनी छांव जो देता सबको,
जीवन में घनी छांव है पाता मेरे आगे।

क्यों हाथ कृपण विश्व के आगे मैं पसारूं,
दाता मेरे पीछे खड़ा, दाता मेरे आगे।

अनजान भले टूटे महल सपनों का मेरे,
टूटे न कोई प्यार का नाता मेरे आगे।

58

ग़ज़ल

जो किस्मत चमकानी, तो श्रम से चमकाओ।
जो मोती पाने तो, सागर में उतर जाओ।

जो नन्हें दीपक हो, तुम घर को करो रोशन,
जलते हुए सूरज हो, तो जग को चमकाओ।

जीवन है ग़र सूना, तो बात नहीं कोई,
महकेगा बहारों-सा, तुम प्यार से महकाओ।

समझाने से मुझको, है बात नहीं बनती,
है बात बनानी तो, खुद को भी समझाओ।

अपनाने से फूलों को, अनजान नहीं कुछ हो,
उपवन में रहना तो, कांटों को भी अपनाओ।

59

ग़ज़ल

मर–मर कर जीवन में, थे एक खुशी पाए।
उसके भी संग कितने, लिपटे हुए ग़म आए।

जो मित्र बहारों के, पतझर में छोड़ गए,
मौसम के बदलते ही, इनसान बदल जाए।

रोना तो पड़ेगा ही, इनसान को पतझर में,
इनसान बहारों में, आंसू क्यों टपकाए?

दुनिया ने बड़े पत्थर, राहों में सजाए थे,
यह अपनी किस्मत थी, हम बच के निकल आए।

जीवन में वैसे तो, हर चीज़ मिली लेकिन,
पर जिसकी ज़रूरत थी, वह चीज़ नहीं पाए।

ग़ज़ल

आना तो चले आओ, जाना तो चले जाओ।
तुम दूर खड़े रह कर, मत दिल को तड़पाओ।

रोना तो पड़ेगा ही, जब वक़्त रुलाएगा,
पर वक्त से पहले ही, मत आंसू टपकाओ।

तुम देश के नेता हो, आवाम नहीं हो तुम,
तूफ़ान बड़ा बाहर, आराम से सो जाओ।

जो हारे राही को, मंज़िल तक पहुंचाए,
इक ऐसा ओजस्वी तुम, गीत उठो गाओ।

लहरों से उलझने में, है मज़ा नहीं कोई,
है शौक उलझने का, तूफ़ान से टकराओ।

ग़ज़ल

हम ख़ुदा को आज़मा कर देख लेंगे।
वक़्त पर उसको बुला कर देख लेंगे।

घर पे आए का है करता मान कितना,
हम ख़ुदा के घर पे जाकर देख लेंगे।

बेवफ़ाई करके तुमने देख ली है,
हम वफ़ा तुम से निभा कर देख लेंगे।

प्यार का कितना नशा दिल में तुम्हारे,
हम तुम्हें थोड़ी पिला कर देख लेंगे।

यह जगत अनजान हमने खूब देखा,
स्वर्ग कैसा स्वर्ग जा कर देख लेंगे।

62

ग़ज़ल

खा गए सब्र को हालात तो फिर क्या होगा?
ना रहे होश में जज़्बात तो फिर क्या होगा?

जिस पे इतनी है तुझे आस, भरोसा इतना,
उसने पूछी न अगर बात तो फिर क्या होगा?

भोर की आस में ग़म दिल से लगाने वाले,
जो गई ठहर कहीं रात तो फिर क्या होगा?

जिससे मिलने के लिए प्यार तड़पता तेरा,
ना हुई उससे मुलाकात तो फिर क्या होगा?

साथ बोतल है, प्याला है, जवां साथी है,
आ गई रस्ते में बरसात तो फिर क्या होगा?

63

ग़ज़ल

प्यार तेरे में कभी आंसू बहा लेता हूं मैं।
और सपनों में कभी तुझको बुला लेता हूं मैं।

राह-जीवन में अंधेरा है जहां लगता मुझे,
याद तेरी के वहां दीपक जला लेता हूं मैं।

देखकर काली उमड़ती ग़म-घटा आकाश में,
नाम तेरा ले सुरा-प्याला उठा लेता हूं मैं।

जब कभी तेरी कमी महसूस होती है मुझे,
तब तेरी तस्वीर ले दिल से लगा लेता हूं मैं।

नूर ही बस नूर हो जाता उधर अनजान है,
नाम ले तेरा जिधर भी पग बढ़ा लेता हूं मैं।

ग़ज़ल

प्यार दिल में हम बसा कर देख लेंगे।
रोग यह भी हम लगाकर देख लेंगे।

है हमें आता मनाना या नहीं है,
रूठना तुम हम मना कर देख लेंगे।

कौन किसके प्यार में कितना है रोता,
एक दूजे को रुला कर देख लेंगे।

चांद हो या सूर्य हो या हो सितारा,
हम स्वयं घूंघट उठा कर देख लेंगे।

झूमना आता तुम्हें अथवा नहीं है,
हम तुम्हें थोड़ी पिला कर देख लेंगे।

65

ग़ज़ल

क्यों आंखों में आंसू आए?
यह मत पूछो तो अच्छा है।
कैसे-कैसे धोखे खाए?
यह मत पूछो तो अच्छा है।

क्यों उपवन में जी घबराता?
क्यों दर्पण से मन डरता है?
क्यों चौंकाते अपने साए?
यह मत पूछो तो अच्छा है।

किन ख्यालों में हम खोए थे?
क्या अपने मन में आया था?
क्यों बैठे-बैठे मुस्काए?
यह मत पूछो तो अच्छा है।

क्यों अपनों को हमने छोड़ा?
क्यों अपनों से नाता तोड़ा?
क्यों बेगाने हैं अपनाए?
यह मत पूछो तो अच्छा है।

जीवन भर साथ निभाने की
अनजान जो कसमें खाते थे,
वे कितना साथ निभा पाए?
यह मत पूछो तो अच्छा है।

66

ग़ज़ल

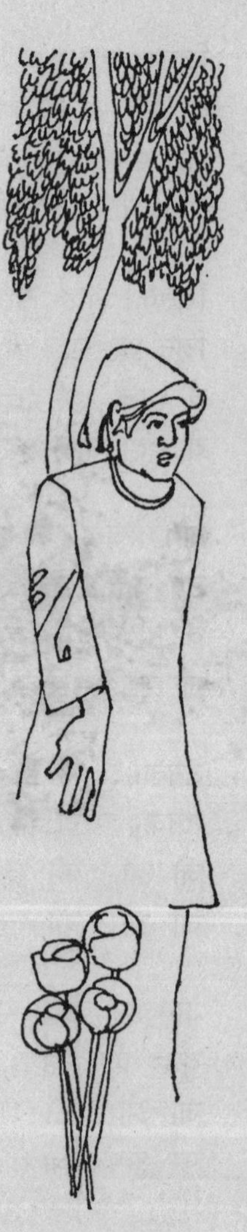

जो प्यार बांटता है सबमें
प्राणों से प्यारा लगता है।
जो नफ़रत पैदा करता है
नफ़रत का मारा लगता है।

केवल मोती, मोती ही नहीं,
केवल तारे, तारे ही नहीं,
जो मूल्यवान सो मोती है
जो चमके तारा लगता है।

जिसके मन में हो पाप भरा,
वह नाले का पानी समझो।
जिसके मन में हो पावनता,
गंगा की धारा लगता है।

माना मानव के जीवन में
दुख का कोई भी अंत नहीं।
पर कुछ तो जीवन में ऐसा
जो फिर भी प्यारा लगता है।

अनजान सहारे औरों के
औरों के सहारे होते हैं।
बस सिर्फ़ सहारा अपना ही
अपना ही सहारा लगता है।

67

ग़ज़ल

जिनके हाथों में सूरज है,
वे नहीं अंधेरों से डरते।
जो अमर सृजन करने वाले,
वे कभी नहीं मर कर मरते।

जिनकी बांहों में ताकत है
जिन के सीने में साहस है।
वे बीच समन्दर कूद पड़ें
वे ढूंढा नाव नहीं करते।

जो मंज़िल के दीवाने हों
उन को मंज़िल खुद ही ढूंढे।
वे मंज़िल के दीवाने क्या
जो खुद मंज़िल ढूंढा करते।

उनका जीना ही जीना है
उनका मरना ही मरना है।
जो औरों की खातिर जीते
जो औरों की खातिर मरते।

अनजान जगत में देखा है,
कुछ ऐसे लोग भी होते हैं।
जो औरों का दुख दूर करें
पर अपने घाव नहीं भरते।

68

ग़ज़ल

हम कभी किसी की भूल के भी
छीना मुस्कान नहीं करते।
हम सख़्त-तबीयत हैं लेकिन
बिन बात तूफ़ान नहीं करते।

हम अंधकार में रह सकते
उसकी ठोकर भी सह सकते।
पर किरणराज के दर पर जा
हम मांगा दान नहीं करते।

जो प्यार से कोई विष भी दे
हम हंसते-हंसते पी जाते।
पर दया-दान में मिला हुआ
हम अमरित पान नहीं करते।

औरों की बात नहीं कहते
हम अपनी बात बताते हैं।
अपना अपमान नहीं सहते
पर का अपमान नहीं करते।

अनजान जहां दिल मिल जाए
पहचान उसी से कर लेते।
जिससे दिल नहीं मिले अपना
उससे पहचान नहीं करते।

69

ग़ज़ल

जब-जब बरता इस दुनिया को
तब-तब मैंने धोखा खाया।
जिस प्याले में अमरित समझा
उस प्याले में ही विष पाया।

रंगीं थीं दुनिया की कसमें
दिलकश थे दुनिया के वादे।
पर वक़्त पे सब झूठे निकले
कुछ काम नहीं कोई आया।

मैं प्यार खोजता फिरता था
मानव की आंखों में, दिल में।
जो आंख मिली पत्थर की मिली
जो दिल पाया पत्थर पाया।

यह दुनिया छलती है ऐसे
सब अकल धरी रह जाती है।
माया की माया से बढ़कर
मैंने पाई इसकी माया।

मत पूछ हक़ीकत दुनिया की
अनजान जान कर क्या लेगा,
उतनी इसकी नीयत खोटी
जितनी सुन्दर इसकी काया।

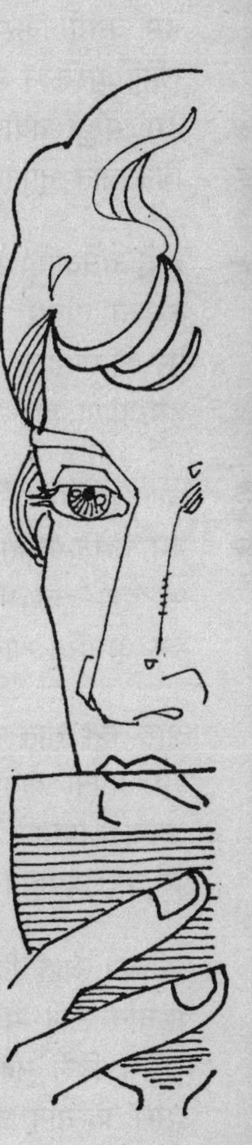

70

ग़ज़ल

तुम जीवन को ऐसे भोगो
मर कर भी जीवन नहीं मरे।
तुम महको तो ऐसे महको
सारा जग तुम पर नाज़ करे।

कंकर हो तो कुछ बात नहीं
तुम मोती बन कर दिखलाओ,
धरती भी तुम पर नाज़ करे
अम्बर भी तुम पर नाज़ करे।

अन्तर में यों रस छलकाओ
हर प्यास स्वयं ही बुझ जाए,
सावन के याचक नहीं रहो
सरिता तट जाना नहीं पड़े।

तुम बादल बन छाओ ऐसे
तपती भू को आराम मिले,
तुम बरसो तो ऐसे बरसो
हो जाएं मरुथल हरे-भरे।

जीवन में कर्म करो ऐसे
अनजान ख़ुदा ख़ुद खुश होकर,
आंचल में तुम्हारे रत्न भरे
आंचल में तुम्हारे फूल भरे।

71

ग़ज़ल

जो नेकी करने वाले हैं
वे नेकी से कब टलते हैं।
चाहे दुनिया उनको छल ले
वे नहीं किसी को छलते हैं।

उनका चलना भी क्या चलना
जो शीश झुका कर चलते हों,
चलना तो उनका चलना हैं
जो शीश उठा कर चलते हैं।

जो उपवन के नाज़ुक पौधे
कब आंधी-अंधड़ झेल सकें,
आंधी-अंधड़ वे ही झेलें
जो बीहड़ बन में पलते हैं।

सुख के दिन आते-जाते हैं
पर उनका पता नहीं चलता।
लेकिन देखा है दुख के दिन
ढलते, ढलते ही ढलते हैं।

उनका स्वागत तट नहीं करें
जो तूफ़ानों से डरते हैं,
अनजान स्वागत हो उनका
जो तूफ़ानों से लड़ते हैं।

72

ग़ज़ल

कुछ ग़म में भी गाते रहते
औरों का मन बहलाने को।
कुछ औरों की ख़ुशियां लूटें
जीवन में हंसने-गाने को।

कुछ अमरित पाने की धुन में
हैं औरों को विष बांट रहे,
कुछ शिव बन स्वयं गरल पीते
औरों को सुधा पिलाने को।

जो पार लगाने वाला है
ख़ुद उनको पार लगाता है,
जो नाविक बन कर जीते हैं
औरों को पार लगाने को।

ख़ुद बन करके जलती मशाल
जो निकलें मंज़िल पाने को,
किस अंधकार में ताकत है
जो आए उन्हें भटकाने को।

अनजान स्वयं ही भटकें कुछ
कुछ को भटका देती राहें,
उनमें से कुछ पाते मंज़िल
जो चलते मंज़िल पाने को।

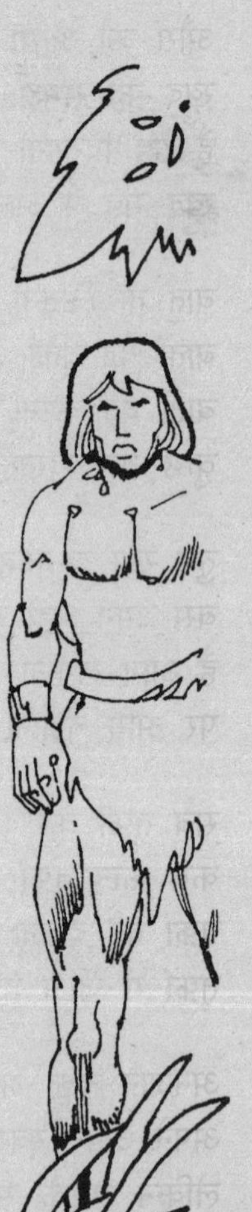

73

ग़ज़ल

औरों को आसां समझाना
ख़ुद को समझाना मुश्किल है।
है राह दिखानी आसां पर
ख़ुद राह पे आना मुश्किल है।

बातें तो कितनी ही कर लो
बातों का कोई अन्त नहीं,
बातों का करना आसां है,
कुछ कर दिखलाना मुश्किल है।

तुम रख दो कहीं पे चिन्गारी
बस आग वहीं लग जाएगी,
है आग लगाना तो आसां
पर आग बुझाना मुश्किल है।

सब तूफ़ां को देखा करते
कब कौन तूफ़ां में जाता है,
तूफ़ां को देखना आसां है
तूफ़ां में जाना मुश्किल है।

अनजान बड़ा आसां होता
अपने-अपने स्वर में गाना,
लेकिन सबके संग मिल करके
इक स्वर में गाना मुश्किल है।

74

ग़ज़ल

जब सुख के दिन ढल जाते हैं
मन को समझाना पड़ता है।
जब दुख के दिन घिर आते हैं
मन को समझाना पड़ता है।

जो जान से प्यारे होते हैं
जो आंख के तारे होते हैं,
जब वे ही वैर निभाते हैं
मन को समझाना पड़ता है!

जिन पर होता विश्वास हमें
जिन पर होती है आस हमें,
जब उनसे धोखा खाते हैं
मन को समझाना पड़ता है।

जब आंसू काम न आते हैं
जब आहें काम न आती हैं,
जब साये भी तज जाते हैं
मन को समझाना पड़ता है।

अनजान परायों को छोड़ो
उनसे क्या लेना देना है,
जब अपने आंख दिखाते हैं
मन को समझाना पड़ता है।

रुबाइयाँ

1

प्यार

तुम एक अदा और दिखा कर देखो।
तुम पंख ज़रा और फैला कर देखो।
अनजान अगर बात बनानी है तुम्हें,
इक बार उन्हें और मना कर देखो।

सावन की-सी बरसात नहीं पाओगे।
पूनम की-सी तुम रात नहीं पाओगे।
पाओगे नहीं रूप-सी दौलत कोई,
तुम प्यार-सी सौगात नहीं पाओगे।

ताकत के बिना ताज नहीं भाता है।
संगीत बिना साज़ नहीं भाता है।
भाती है नहीं रात बिना तारों के,
सूरत के बिना नाज़ नहीं भाता है।

2

भूख

बस्ती को यह वीरान बना देती है।
कोमल को यह पाषाण बना देती है।
इनसान है इनसान मगर भूख उसे,
इनसान से हैवान बना देती है।

यह न्याय, दया, ज्ञान, चबा जाती है।
यह धर्म व ईमान चबा जाती है।
अनजान अगर भूख भड़क उठे तो,
इनसान के इनसान चबा जाती है।

इनसान को बदकार बना देती है।
इनसान को मक्कार बना देती है।
यह भूख फ़सादों को जनमने वाली,
इनसान को ख़ूंख़ार बना देती है।

3

साहस

आकाश को कदमों पे झुका सकते हो।
हिमवान को उंगली पे उठा सकते हो।
इनसान हो तुममें वह परम शक्ति है,
जलते हुए सूरज को बुझा सकते हो।

अज्ञान को तब नहीं ठिकाना मिलता।
तूफ़ान को तब नहीं ठिकाना मिलता।
जब धर्म उठाता है भुजाएं अपनी,
शैतान को तब नहीं ठिकाना मिलता।

इन बांहों को पतवार बनाना होगा।
साहस को कर्णधार बनाना होगा।
बेकार है किस्मत के भरोसे रहना,
खुद नाव को भवपार लगाना होगा।

जवानी

है प्रेम कहानी-सी कोई चीज़ नहीं।
अंगूर के पानी-सी कोई चीज़ नहीं।
चंचल है, हठीली है, नादान भले,
अनजान जवानी-सी कोई चीज़ नहीं।

दो घूंट जवानी को पिला कर देखो।
मदहोश जवानी को बना कर देखो।
अनजान बड़ा रंगीन लगेगा जीवन,
तुम जाम जवानी को थमा कर देखो।

यह रात जगे दिन को है सोया करती।
बेवजह खयालों में है खोया करती।
अनजान जवानी को लगा रोग अनूठा,
एकांत में है बैठ के रोया करती।

5

अन्य

नेकी का जो करता है यहां काम बहुत।
पाता है ज़माने में वही नाम बहुत।
ग़ैरों के लिए कष्ट उठाता है जो मौज!
कहते हैं उसे मिलता है आराम बहुत।

तदबीर से बिगड़ी को बनाना है तुझे।
तकदीर के लिक्खे को मिटाना है तुझे।
मेहनत के पसीने से लगाकर छींटे,
सोई हुई किस्मत को जगाना है तुझे।

हिम्मत से मुकद्दर को संवारा हमने।
जो नक़्श मिटा उसको उभारा हमने।
तदबीर का पतवार संभाला जबसे,
हर मौज को समझा है किनारा हमने।

इलहाम की तफ़सीर बदल जाती है।
हर ख्वाब की ताबीर बदल जाती है।
हिम्मत के कलम में वो जादू है मौज,
लिक्खी हुई तकदीर बदल जाती है।

हालात के सांचे में जो ढल जाता है।
इनसान नहीं मोम पिघल जाता है।
इनसान वो ताकत है मुकाबिल जिसके,
तूफ़ान भी साहिल में बदल जाता है।

हालात की तलखी से जो घबराता है।
वो गौहरे-मकसूद कहां पाता है।
नाकाम नहीं रहता वो दुनिया में कभी,
हिम्मत से जो हालात पे छा जाता है।

कतरा है तो बहता हुआ दरिया बन जा।
ज़र्रा है तो फैला हुआ सहरा बन जा।
तकदीर तेरी मिट्टी से बदतर ही सही,
अकसीरे अमल काम में ला सोना बन जा।

हर ऐब परखने का हुनर रखते हैं।
दुनिया की बुराई पे नज़र रखते हैं।
स़दहैफ़ नहीं रखते वो अपनी ही ख़बर,
हर बात की जो लोग ख़बर रखते हैं।

बदला हुआ इनसान नज़र आता है।
लुटता हुआ ईमान नज़र आता है।
दावा तो ये करता है खुदाई का मगर,
आमाल से शैतान नज़र आता है।

शैतान से बढ़कर इसे पुरफ़न देखा।
हैवान के औसाफ़ का मखज़न देखा।
तहज़ीब का नया यह करिश्मा है मौज,
इनसान को इनसान का दुश्मन देखा।

अब और है दुनिया की हवा ऐ साकी!
इसमें नहीं खुशबूए वफ़ा ऐ साकी!
बेसूद है अब जिनसे मुहब्बत की तलाश,
सागर में डुबो दे ये रिया ऐ साकी!

बैठे हुए दिल को जो उठा दे साकी!
कतरे को जो दरिया से मिला दे साकी!
जिससे मनोतू का न ज़रा होश रहे!
वो सागरे–सरशार पिला दे साकी!

अफ़सोस बर आई न तमन्ना कोई।
बदबख़्त न होगा कहीं मुझसा कोई।
लहराता मेरे दिल में जो मौजे–हयात,
ऐसा नज़र आया न मसीहा कोई।

इनकार भी इकरार में ढल जाता है।
बिजली से जला शज्र भी फल जाता है।
रिश्वत वो मुंह बोलता जादू है ऐ मौज!
दुनिया में जो हर शख्स पे चल जाता है।

इनसान को हैवान बनाया इसने।
इज़्ज़त को भी मिट्टी में मिलाया इसने।
रिश्वत का बुरा हो कि वतन को ऐ मौज!
अक़वाम को नज़रों से गिराया इसने।

6

फुटकर

तुम कहो राम से जा वह डरे न घबराए।
इस युग में पुत्र नहीं बनवास पिता पाए।

दुर्भाग्य ने जब-जब भी आ हमको ललकारा,
मन बीच कई सागर साहस के लहराए।

बिजली भी खबर पाए, तूफ़ां भी खबर पाए,
अनजान जहां पहुंचे, अनजान जिधर जाए।

–अनजान

अमृत दो देवों को, विष मुझ को पीने दो।
शिव बन कर जीना है, शिव बन कर जीने दो।

हर आंधी से लड़ना, हर जुल्म मिटाना है।
फौलादी बांहें दो, चट्टानी सीने दो।

तुम चाहे धन मत दो, तुम चाहे यश मत दो।
पर स्वार्थ-रहित जीवन, अनजान को जीने को।

–अनजान

इलाही ख़ैर हो अपनी वफ़ा की,
ज़माना बेवफ़ा है और मैं हूं।

ज़माना जान का दुश्मन बना है।
मुकाबिल हर बला है और मैं हूं।

–मौज

इस प्यारी धरती को, तुम बुरा न बतलाओ।
जो नहीं लगे अच्छी, कहीं और चले जाओ।

यदि राम नहीं बनना, कुछ बात नहीं लेकिन,
मत काम करो ऐसे, तुम रावण कहलाओ।

चाहे दिल मजनूं का, टुकड़े हो हज़ारों ही,
पर, धन पर नाच रही, लैला उसे दिखलाओ।

–अनजान

ज़िन्दगी हम से बचके चलती है,
मौत ने भी हमें बिसारा है।

हम नसीबों जले कहां जाएं,
ये जहां न वो हमारा है।

–मौज

कहीं महफ़िल, कहीं मदिरा, कहीं गायन,
सुबह और शाम होगा, हम नहीं होंगे।

किताबों में, दिलों में और अधरों पर,
हमारा नाम होगा, हम नहीं होंगे।

—अनजान

देख मज़बूरे-मुकद्दर ! एक दिन तदबीर से,
मैं बदल डालूंगा लिखा कातिबे तक़दीर का।

नाज़-औ-तमकी के मुकाबिल है ये हैरानी मेरी,
देखता हूं मुंह किसी मुंह बोलती तस्वीर का।

—मौज

कई बार कर ली कई बार तोड़ी,
मेरी तौबा से भी है बेजार तौबा।

मेरी मस्ती उरूज़ पर है मौज!
जबसे उसने मुझे पिलाई है।

—मौज

कबीर-चौरा

लेखक: डॉ. महरुद्दीन खाँ
टाइप: पेपरबैक
भाषा: हिन्दी
पृष्ठ: 112
मूल्य: ₹ 60
प्रकाशक: वी एण्ड एस पब्लिशर्स

कबीर-चौरा को यदि कविता माना जाये, तो यह आम व खास आदमी से सम्बन्धित उन विषयों पर गुदगुदाती है, जिनसे उनका वास्ता पड़ता हो। मँहगाई, अशिक्षा, बीमारी, बेकारी, मच्छर, मलेरिया आदि समस्याएँ हों या नेताओं की करतूत हो या राजनीतिक उठापटक और स्वार्थ, इन सब पर सरल भाषा में चुटीला व्यंग्य कबीर-चौरा की खासियत है। कबीर-चौरा न केवल पाठक का मनोरंजन करता है, अपितु व्यवस्था की उन सच्चाइयों को भी नंगा करता है, जिनके आधार पर लोकतन्त्र के लोक यानि आम आदमी को भरमाया जाता है, उसे सुनहरे सपने दिखाकर अपने आन्दोलनों में शामिल होने के लिए गरमाया जाता है और बाद में उसे ही गलत साबित कर शरमाया भी जाता है। इस प्रकार कबीर-चौरा एक ऐसा आईना है, जो व्यवस्था के पोषक सभी तत्वों को उनका असली रूप दिखाता है।

आओ हंस लें!

लेखक: हरीश यादव
टाइप: पेपरबैक
भाषा: हिन्दी
पृष्ठ: 114
मूल्य: ₹ 48
प्रकाशक: वी एण्ड एस पब्लिशर्स

यह चुटकुलों की अत्यधिक लोकप्रिय पुस्तक है। इसमें हर रंग के, घड़ी के ढेरों चुटकुले हैं। ये गुदगुदाते भी हैं और खूब हँसाते भी हैं। अपने आप में यह हँसी का पिटारा है।

सुपर-हिट जोक्स

लेखक: हरीश यादव
टाइप: पेपरबैक
भाषा: हिन्दी
पृष्ठ: 144
मूल्य: ₹ 48
प्रकाशक: वी एण्ड एस पब्लिशर्स

ये जोक्स यानी चुटकुले इस मायने में सुपरहिट हैं, क्योंकि ये हर समय हर जगह सुनने और सुनाने मे बहुत अधिक प्रयोग होते हैं और बहुत ही लोकप्रिय हैं।

कहावतों की कहानियाँ

लेखक: डॉ. प्रताप अनम

टाइप: पेपरबैक

भाषा: हिन्दी

पृष्ठ: 120

मूल्य: ₹ 96

प्रकाशक: वी एण्ड एस पब्लिशर्स

कहावतें जन-जीवन में बरसों-बरस से रची-बची चली आयी हैं और आगे भी यह सिलसिला निरन्तर जारी रहने वाला है। ये बड़ी मनोरंजक, चुटीली और अर्थपूर्ण होती हैं। कहावतों के प्रयोग से आपका लिखा हुआ प्रारूप या रचना या फिर आपका भाषण या वक्तव्य सौन्दर्य और शक्ति ग्रहण करता है। इससे आपकी लिखित या मौखिक अभिव्यक्ति प्रभावशाली बन जाती है और आपके विचार भी वज़नदार हो जाते है।

कहावतें इतनी खाँटी और भदेस हैं कि सुनने वाले के भीतर तक उतरती चली जाती हैं। इस पुस्तक में सैंकड़ों में से चुनकर 51 कहावतों को लिया गया है, जो रोजमर्रा के जीवन में प्रयोग की जाती हैं। एक बच्चे को भी कहीं पढ़कर यह जिज्ञासा हो सकती है कि 'एक तो करेला दूसरा नीम चढ़ा' या 'जिसकी लाठी उसकी भैंस' या 'मन चंगा तो कठौती में गंगा' या 'शेर का डर नहीं जितना टपके का' इनका क्या मतलब है? यह पुस्तक उनकी ऐसी जिज्ञासाओं की तुष्टि करती है। इन्हीं कहावतों के जन्म की रोचक-मनोरंजक और लोकप्रिय कहानियाँ इसमें दी गयी हैं।